راشد سعيد مبارك؛ كاتب عاشق للتاريخ العربي والحضارة الإسلامية، وفي كلِّ ما يتعلَّق بتاريخ العرب قبل الإسلام والحضارة الإسلامية بعد الإسلام، وتطوُّراتها في كافَّة المجالات والميادين.

# الإهداء


أهدي هذا الكتاب إلى أبي، وأمي،
وإخوتي، وزوجتي العزيزة، وولدي العزيز.

راشد سعيد

---

# مختصر تاريخ الحضارة الإسلامية

AUSTIN MACAULEY PUBLISHERS™
LONDON • CAMBRIDGE • NEW YORK • SHARJAH

الرقم الدولي الموحد للكتاب 9789948831969 (غلاف ورقي)
الرقم الدولي الموحد للكتاب 9789948831976 (كتاب إلكتروني)

رقم الطلب: MC-10-01-2714646
التصنيف العمري: E

تم تصنيف وتحديد الفئة العمرية التي تلائم محتوى الكتب وفقًا لنظام التصنيف العمري الصادر عن المجلس الوطني للإعلام.

الطبعة الأولى 2022
أوستن ماكولي للنشر م. م. ح
مدينة الشارقة للنشر
صندوق بريد [519201]
الشارقة، الإمارات العربية المتحدة
www.austinmacauley.ae
+971 655 95 202

# شكر وتقدير

أشكر دار أوستن ماكولي للنشر لموافقتهم على نشر كتابي هذا بعنوان "مختصر تاريخ الحضارة الإسلامية"، ونتمنَّى لهم كل التوفيق والنجاح بإذن الله.

# الفهرس

بسم الله الرحمن الرحيم

﴿يَا أَيُّهَا النَّاسُ إِنَّا خَلَقْنَاكُم مِّن ذَكَرٍ وَأُنثَى وَجَعَلْنَاكُمْ شُعُوبًا وَقَبَائِلَ لِتَعَارَفُوا إِنَّ أَكْرَمَكُمْ عِندَ اللَّهِ أَتْقَاكُمْ إِنَّ اللَّهَ عَلِيمٌ خَبِيرٌ﴾

صدق الله العظيم

[سورة الحجرات:١٣]

# المقدِّمة

الحمد لله، والصلاة والسلام على أشرف خلق الله.. سيدنا ونبينا محمد بن عبد الله، وعلى آله وصحبه ومَن والاه، أمَّا بعد...

سنتناول في بحثنا هذا المختصَر تاريخ الحضارة الإسلامية في عصرها الذهبي والمزدهر مِن خلال نشأة وتطوُّر وظهور العلوم والفنون والآداب وغيرها، ودور العلماء العرب والمسلمين وإسهاماتهم وإنجازاتهم الحضارية الجليلة في جميع مجالات النهضة والحضارة الإسلامية.

وفي الحقيقة فقد تمَّ تقسيم بحثنا هذا إلى مقدِّمة بسيطة وثمانية فصول، بالإضافة إلى الخاتمة والفهرس، وثبت بقائمة المصادر والمراجع في آخِر البحث لمن أراد الاستزادة أكثر مِن المعلومات عن الحضارة الإسلامية، ونأمل أن نكون قد وُفِّقنا في كتابة بحثنا هذا، وأن يكون في ميزان حسناتنا؛ ليتمكَّن القارئ

المبتدئ والمتخصِّص على حدٍّ سواء في المعرفة والاطِّلاع، وإدراك عظمة وعراقة وأصالة تاريخ حضارتنا العربية الإسلامية، ودور العلماء العرب والمسلمين في العصر الذهبي في إثراء جميع مجالات النهضة والحضارة الإسلامية، ومساهمة أيضًا جميع الشعوب والأعراق والأجناس غير العربية وغير الإسلامية والتي عاشت في ظلال الحضارة الإسلامية السمحة في إثراء جميع المجالات المتعلِّقة بالحضارة الإسلامية بوجه عام، كلٌّ بحسب اختصاصه بطبيعة الحال، والله مِن وراء القصد أولًا وأخيرًا.

# الفصل الأول
## حركة النقل والترجمة
## في الحضارة الإسلامية

إنَّ حركة النَّقل والترجمة في الحضارة العربية الإسلامية كانت وستظلُّ نبراسًا ثقافيًا وفكريًا وأدبيًا وإنسانيًا خالدًا على مرِّ العصور والأجيال في تاريخ البشرية، ذلك أنَّ الحضارة العربية والإسلامية قد استفادَت كثيرًا في ذروة مجدها مِن حركة النَّقل والترجمة لإثراء ذلك الحراك الثقافي والفكري الذي لَم يسبق للبشرية أن عاشَته مِن قبل ذلك.

إنَّ بواكير حركة النقل والترجمة في الحضارة الإسلامية كانت قد بدأت بدايتها المتواضعة والبسيطة في العصر الأموي على يد الأمير الأموي (خالد بن يزيد بن معاوية) والذي قِيل بأنَّه قد توفِّي عام 85 هجرية، والذي كان أول عالم عربي مسلم

متخصِّص في علم الكيمياء، حيث كان قد اطَّلَع على كثير مِن كُتُب ومؤلَّفات الأمم الأخرى مِن الإغريق في الفلسفة والكيمياء والطب، واستطاع أن ينقل ويترجِم الكثير مِن هذه الكُتب والمؤلَّفات مِن لغاتها الأجنبية إلى اللغة العربية، حيث كان هذا أول نَقلٍ وترجمة في تاريخ الحضارة العربية الإسلامية، ذلك أنَّ هذا الأمير الأموي قد تتلمَذَ على يد الراهب الرومي مريانوس، وتعلَّمَ منه صنعة الطب والكيمياء، ثم كان له ثلاث رسائل هي:

1- السرُّ البديع في فكِّ الرمز المنيع.

2- فردوس الحكمة في علم الكيمياء.

3- مقالتا مريانوس الراهب.

ولكنَّ هذه الحركة لَم تصل إلى ذروة عزِّها ومجدها وازدهارها إلا في العصر العباسي، حيث يُعَدُّ هذا العصر وبحق أبهى وأروع العصور في تاريخ حركة النقل والترجمة في الحضارة العربية الإسلامية، ذلك أنَّ الخلفاء العباسيِّين قد شجَّعوا واهتمُّوا ورعَوا ودعموا حركة النَّقل والترجمة مِن اللغات الأجنبية، كالفارسية، والبيزنطية، والقبطية، واليونانية، والآرامية إلى اللغة العربية، والعكس صحيح أيضًا لكثير مِن الكتب والمؤلَّفات في الفلسفة، والطب، والموسيقى، والتاريخ، والجغرافيا، والكثير والكثير في شتَّى العلوم والمعارف الإنسانية، حيث كانت بغداد في ذلك العصر قبلة

وحاضرة العلم والثقافة والفكر والأدب، حيث كان الخلفاء العباسيون يشجِّعون ويجزلون العطاء لكثير مِن العلماء والمترجمين.

ويُعتبَر أبو جعفر المنصور المؤسس الحقيقي في العصر العباسي لحركة النقل والترجمة، حيث كان الأديب والكاتب عبد الله بن المقفَّع مِن أشهر النَّقلة في عصر الخليفة المنصور، وهو الذي نَقل إلى العربية مِن الفارسية الكثير مِن كُتُب علماء فارس القدماء في الطب والمنطق وغيرها مِن العلوم والآداب.

ومِن أبرز المترجمين في العصر العباسي نذكر منهم: يحيى ابن عدي، وقسطا بن لوقا، وغيرهم كثر، حيث كان للنقل والترجمة طريقتان هما الطريقة اللفظية، وهذه طريقة يوحنا ابن البطريق، والطريقة المعنوية أو الأسلوب الجملي، وهي طريقة حنين بن إسحاق.

لقد سهَّلَت عملية النقل والترجمة على العرب والمسلمين الكثير، ذلك أنَّهم لَم يكونوا يعرفون لغات أجنبية مِن قَبل، وأتاحت لهم فرصة باكرة مكَّنَتهم مِن تأدية رسالتهم في تطوير العلوم والفنون والآداب والثقافة والفِكر الإنساني، حيث قد أُثرِيَت اللغة العربية بدخول الكثير مِن المصطلحات والتعابير العلمية والفلسفية والتراكيب الفنية، وتحوَّلَت في فترة زمنية قصيرة مِن لغة قبلِيَّة

محليَّة بسيطة إلى لغة عالمية واسعة الانتشار، وهذا إن دلَّ على شيء فإنَّه يدلُّ على قدرة اللغة العربية على مجاراة الحركة العلمية، كما جارَتِ الحركة الأدبية والدينية والاجتماعية وما بعد الحداثة في القرن الحادي والعشرين.

حقًّا لقد كانت حركة النقل والترجمة في الحضارة الإسلامية شعلة فكرية وأدبية وثقافية مضيئة وملهمة للأجيال العربية والإسلامية في ذلك الماضي الزاهر، لا.. بل للإنسانية جمعاء.

هذا ونسـأل الله – سبحانه وتعالى – أن يرفع مِن شأن الأُمَّة العربية والإسلامية دائمًا، إنَّه نِعم المولى ونِعم النَّصير، اللهمَّ آمين.

# الفصل الثاني
## فن الزخرفة في الحضارة الإسلامية

تعدُّ الزخرفة في الحضارة الإسلامية رائعةً مِن روائع الفكر الإسلامي، وفنًّا إسلاميًّا أصيلًا وخالدًا على مرِّ الأزمان والأجيال البشرية المتلاحقة، ذلك أنَّ الزخرفة الإسلامية قد تنوَّعَت استخداماتها على المباني، والسيراميك، والزجاج، والسجَّاد، والمعادن، والأخشاب، والكُتُب.

وفي نفس الوقت تعدَّدَت مراحلها، حيث صاحب الزخرفة الخط العربي في البداية، وقلَّما نقع على خطوط مفتقرة لذلك.

ويُقصَد بالزخرفة الإسلامية تلك النقوش التي استُوحِيَت مفرداتها مِن الطبيعة النباتية، كالأوراق، والأغصان، والأشجار، وأخذَت طابعًا متميِّزًا في الإسلام؛ إذ غيبتِ الملامح البشرية، وتجَنَّبَتِ التعرُّض لكلِّ ما فيه روح، وهي فنٌّ لا يعتمد على الحشو

العشوائي، إنَّما تشغله بنظام خاص بها درج المزخرِفون على الالتزام بأصوله وقواعده.

إنَّ إرث الشعوب في الدقَّة والصبر والألوان والأشكال يتبدَّى في أنماط الزخارف والنقوش التي توسم العمارة والتُّحَف والسجاد وتفاصيل دقيقة في الحياة، ولو أمعنَّا في تاريخ الحضارة الإسلامية فسنتوقَّف ولو لبرهة مِن الزمن عند أغلفة الكُتُب أو الأبواب والنوافذ أو المساجد، وسندرك كم استطاعتِ الزخرفة والنقوش أن ترافق كلَّ ما يتعلَّق بالحضارة العربية الإسلامية في عصرها الذهبي الزاهر، وتضيف أيضًا خصوصية فنية وشكلية لمرحلة بداية الإسلام ثم انتشاره.

وإلى جانب العمارة والفنِّ الإسلامي وُجِدَتِ الزخرفة التي وُصِفَت بأنَّها لغة الفن الإسلامي، وتقوم على زخرفة المساجد والقصور والقباب بأشكال هندسية أو نباتية جميلة تبعث في النفس الراحة والهدوء والطمأنينة والانشراح، ولقد سُمِّيَ هذا الفنُّ الزخرفي الإسلامي في أوربا بِاسمِ (أرابيسك) بالفرنسية، أو (التوريق) بالإسبانية.

وكذلك أيضًا وجد الفنانون المسلمون في الحروف العربية أساسًا لزخارف جميلة، ومِن ثمَّ صار الخط العربي فنًّا رائعًا على يد خطَّاطين مشهورين ومهَرَة.

وتُعَدُّ الزخارف النباتية وكذا العناصر الهندسية مقوّمات أساسية في بناء هذا الفن تتعاون مع بعضها تارة، وتنفرد كلٌّ منهما على حدة تارة أخرى، وبهذا فهناك نوعان مِن الزخرفة: الزخرفة النباتية، والزخرفة الهندسية، ويضاف إليهما فنُّ الخط العربي الذي يُعَدُّ مِن أهمِّ الفنون الزخرفية الإسلامية.

وتجدر الإشارة إلى أنَّ فنَّ الخط العربي يُعَدُّ فنًّا إسلاميًّا خالصًا لارتباطه الوثيق بكتاب الله (سبحانه وتعالى)، فلَم يسبق للكلمة أن كانت فنًّا مرئيًّا في أمة مِن الأمم قبل نزول القرآن الكريم، وإذا كان لكلِّ أمة مِن الأمم لغاتها ولها كتاباتها، فإنَّ هذه الكتابات ظلَّت في وظيفتها التعبيرية باعتبارها رموزًا منطقية لمعانٍ يراد التعبير عنها، ولكن لَم يحدث أن ارتفعَت هذه الرموز لتصبح فنًّا جماليًّا كما حدث للكلمة العربية بعد أن أضفى عليها القرآن الكريم رداءَ قداسته.

كما تتميَّز الكتابة العربية بكونها متصلة، ممَّا يجعلها قابلة لاكتساب أشكال هندسية مختلفة مِن خلال المدِّ، والرجع، والاستدارة، والتزوية، والتشابك، والتداخل، والتركيب. والخط العربي عدَّة أنواع نذكر منها ما يلي:

1- الخط الكوفي: وهو ذلك الخطُّ العربي القديم، والذي نشأ في بدايات ظهور الإسلام في الحيرة التي كانت قرب الكوفة بالعراق،

وقد استُخدِم في كتابة المصحف الشريف بشكل خاص، وجميع المصاحف التي نُسِخَت قبل القرن الرابع الهجري كُتِبَت بالكوفي والذي انتشر فيما بعد في أرض العراق كله.

ومِن مشاهير هذا الخط: مبارك المكي في القرن الثالث الهجري.

2- خط النَّسخ: وهو ذلك الخطُّ الذي استعمله الناس في التراسل والتدوين وفي نسخ الكتب، ولهذا عُرِفَ بهذا الاسم، وقد نبغ في هذا الخطِّ عدَّة خطاطين أمثال ابن مقلة، وابن البواب، وياقوت المستعصمي.

وهناك أيضًا خطوط أخرى كخطِّ الطومار، وخط الثلث، وهو أستاذ الخطوط وعملاقها وسيِّدها.

حقًّا لقد كان فنُّ الزخرفة الإسلامية فنًّا إسلاميًّا أصيلًا وخالدًا على مرِّ الأزمان والعصور، ونبراسًا منيرًا ينير درب أبناء العروبة والإسلام في كلِّ زمان ومكان.

# الفصل الثالث
# الدواوين في الحضارة الإسلامية

تعدُّ حركة تدوين الدواوين في الحضارة الإسلامية رائعة مِن روائع الفكر الإسلامي، ودلالة على تقدُّم الحضارة الإسلامية في عصرها الزاهر المجيد، ذلك أنَّ كلمة ديوان هي ليست بكلمة عربية محضة، بل كلمة فارسية معرَّبة.

ويُقصَد بالديوان اصطلاحًا: هو موضوع لحفظ كلِّ ما يتعلَّق بحقوق السَّلطنة أو الدولة مِن الأعمال والأموال، ومَن يقوم بها مِن الجيوش والعمَّال، وتجدر الإشارة بأنَّ عملية تدوين الدواوين لَم تكن قد ظهرَت بعد في عصر الرسول – صلى الله عليه وسلَّم – أو عصر الخليفة الراشد الأول أبي بكر الصديق – رضي الله عنه – وإنَّما بدأت بدايتها الأولى في عصر الخليفة الراشد الثاني عمر بن الخطاب – رضي الله عنه – فكان أول مَن وضع ودوَّن الدواوين في الدولة الإسلامية.

ولقد تعدَّدَتِ الدواوين بعد ذلك في عصر الدولة الأموية، وصارت أربعة دواوين رئيسة، وهي كالتالي:

1- ديوان الجند: وهو ذلك الديوان الذي يحصر جند كل إمارة وأعطياتهم، وكلَّ ما يختصُّ بهم، فهو يشبه ديوان وزارة الحربية، وهذا الديوان منذ وُضِع كان بالعربية.

2- ديوان الخَراج: هو ذلك الديوان الذي ينظِّم جميع حساب الدولة مِن دخل وخرج، فهو يشبه ديوان وزارة المالية.

3- ديوان الرسائل: هو ذلك الديوان الذي كانت تصدر منه الرسائل إلى الأمراء والعمَّال، والإشراف على ما يرد منهم مِن رسائل في الإمارات المختلفة.

4- ديوان الخاتم: وهو ذلك الديوان الذي كان يقوم بأنظمة الدولة، وهو ديوان به نوَّاب متعدِّدون.

ويعدُّ ديوان الخاتم في حقيقة الأمر مِن أكبر الدواوين منذ أن أنشأه معاوية وإلى أواسط دولة بني العباس، ثم أُسقِط بعد ذلك لتحوُّل الأعمال إلى الوزراء والسلاطين.

ولقد تمَّ تعريب الدواوين في الحضارة الإسلامية على يد عبد الملك بن مروان الأموي، وكان لذلك أثر مزدوَج مِن الناحيتَين السياسية والأدبية، فمِنَ الناحية السياسية أصبحَت لغة الدواوين هي اللغة العربية ممَّا ساعد ذلك على تقلُّص نفوذ أهل

الذمة والمسلمين مِن غير العرب بعد أن انتقلَت مناصب هؤلاء إلى أيدي العرب المسلمين.

ومِن الناحية الأدبية أصبحَتِ اللغة العربية لغة التدوين، فنُقِلَ إليها الكثير مِن المصطلحات الفارسية والرومية، وبدأت طبقة الكُتَّاب في الظهور منذ ذلك الوقت.

وفي العصر العباسي بلغَتِ الدواوين شأنًا عظيمًا وراقيًا في الحضارة الإسلامية، وتعدَّدَت وظائفها ومصالحها، فاستحدث أمراء بني العباس الكثير مِن الدواوين التي لَم تكُن موجودة مِن قبل، ولكن استدعَتها حاجة الدولة وتطوُّرها.

كما توسَّعوا فيما كان موجودًا، وكان مِن أهمِّ هذه الدواوين التي استحدثوها أو توسَّعوا فيها نذكر منها ما يلي:

1- ديوان الزمام: وهو ذلك الديوان الذي تجمع لرجل يضبطها بزمام يكون له على كلِّ ديوان، وهو مِن أعظم النُّظُم التي أدخلها الخليفة المهدي، وهو يشبه ديوان المحاسبة اليوم.

2- ديوان الأكرية: وهو ذلك الديوان الذي يُشرِف على القنوات والتُّرع والجسور وشئون الري، فهو يُشبِه وزارة الأشغال في زماننا.

3- ديوان الأحداث والشرطة: وهو ذلك الديوان الخاص بالأحداث التي تقع في الدولة، فهو قريب الشبه مِن وزارة الداخلية في أيامنا هذه.

وكان ديوان البريد مِن الدواوين الهامة أيضًا في بغداد في العصر الذهبي للعباسيّين، وكذلك كانت هناك إدارات خاصة للمحافظة على مصالح غير المسلمين، ويُدعَى رئيسها كاتب الجهباز.

ونستنتج مِن ذلك أنَّ النظام الإداري في العصر العباسي مِن حيث توزيعه للعمل يعادل إلى حدٍّ كبير النُّظُم الإدارية الحديثة في عالمنا المعاصر.

حقًّا.. لقد كانت حركة تدوين الدواوين في الحضارة الإسلامية وتعريبها فيما بعد إنجازًا حضاريًّا عربيًّا إسلاميًّا إنسانيًّا سيبقى خالدًا على مرِّ الأزمان والعصور، ونبراسًا مضيئًا يضيء درب أبناء العروبة والإسلام قاطبة في كل زمان ومكان.

# الفصل الرابع
# العلوم البحتة في الحضارة الإسلامية

لقد استطاع العلماء العرب والمسلمون في عصر النهضة والحضارة الإسلامية أن يقدِّموا للإنسانية جمعاء كلَّ إبداعاتهم وطاقاتهم الكاملة في جميع المجالات العلمية البحتة مثل: الرياضيات، والفيزياء، والكيمياء، والأحياء، والطب، والهندسة، والجيولوجيا، وغيرها مِن العلوم الأخرى، حيث استطاعوا التأليف في الكثير مِن الكتب والمؤلَّفات والمجلَّدات المختلفة في جميع هذه العلوم، ومِن أبرزهم:

عالِم الطب (أبو بكر الرازي) صاحب كتاب "الحاوي في الطب"، وقد وُلِدَ في مدينة الري في إيران سنة 865 م، وقد كان أستاذه الأول في مجال الطب هو (علي بن زين الطبري)، وهو صاحب أول موسوعة علمية طبية عالمية تسمَّى "فردوس الحكمة".

ومِن مؤلفاته العلمية الأخرى أيضًا "الأسرار في الكيمياء" والذي بقي مدة طويلة مِن الزمن مرجعًا أساسيًا في الكيمياء في مدارس الشرق والغرب.

وأيضًا له مؤلَّف آخَر، وهو كتاب "المنصوري"، وهو متخصِّص في الطب أيضًا.

وعالِم الخوارزميات، وهو أبو عبد الله الخوارزمي، والذي تعود أصوله إلىٰ منطقة خوارزم (أوزباكستان اليوم)، وهو صاحب كتاب "الجبر والمقابلة"، وهو مؤسِّس ومبتدِع علم الجبر كعلمٍ مستقلٍّ عن الحساب، وقد عاش وتُوُفِّي في بغداد ما بين عامي 780 م إلى 850 م.

وخالد بن يزيد بن معاوية (أبو هاشم) حكيم قريش وعالمها في عصره، وقد كان موصوفًا بالعلم والدين والعقل، وهو المؤسِّس وأول عالِم عربي مسلم في علم الكيمياء، بالإضافة إلى تخصُّصه في عدة علوم أخرى أيضًا.

وقد تتلمذ على يديه في هذه الصنعة الإمام جعفر الصادق (رضي الله عنه)، والذي كان قد مهَّد الطريق فيما بعد لجابر بن حيان الأزدي الذي أبدع وابتكَر، وأضاف الكثير في علم الكيمياء.

وقد أُطلِق عليه لقب شيخ الكيميائيين العرب، وقد أطلق العلماء أيضًا على صنعته (صنعة جابر)، وهو أيضًا في الحقيقة مؤسس علم الكيمياء التجريبي.

وهناك عالِم مسلم آخَر برِعَ في علم الرياضيات، وهو (أبو الوفاء البوزجاني الحاسب)، وقد اشتغل بتدريسها.

ومِن أهمِّ إنجازاته أنَّه أول مَن وضعَ النسبة المثلثيَّة المعروفة بالظلِّ، واستخدمها في حلِّ المسائل الرياضية، وساهمَ في تطوُّر ونهضة علم حساب المثلثات، وقد زاد على بحوث الخوارزمي في الجبر زيادات تُعتَبَر أساسًا لعلاقة الهندسة بالجبر.

ومِن أبرز مؤلفاته كتاب "المنازل"، وهو كتاب متخصِّص في الحساب.

ومِن العلماء المسلمين الذين برعوا أيضًا في علم الهندسة (ثابت بن قرة الحراني الصابئي)، وقد عاش وتُوُفِّيَ بين سنتَي 221 إلى 288 هجرية حتَّى قيل عنه إنَّه أعظم هندسي عربي على الإطلاق، وقد تمكَّن مِن تطوير وتجديد نظرية فيثاغورث الشهيرة.

ومِن أبرز العلماء المسلمين الذين برعوا في علم الفيزياء (الحسن بن الهيثم) والذي وُلِدَ وتُوُفِّيَ ما بين سنتَي 354 إلى 430 هجرية، واستطاع ببراعته وفطنته وذكائه أن يكون هذا العِلم مستقلًّا عن الهندسة.

وهناك علماء آخَرون برعوا أيضًا في هذا العلم مثل: أبي الريحان البيروني، وابن سينا، وغيرهم كثر.

وهؤلاء العلماء الذين تمَّ ذِكرهم هُم علي سبيل المثال لا الحصر مِن العلماء العرب والمسلمين الآخَرين.

# الفصل الخامس
## نشأة العلوم الاجتماعية مثل التاريخ والجغرافيا في الحضارة الإسلامية

لقد كانت نشأة علم التاريخ عند العرب في بداياتها القديمة الأولى على شكل أحاديث وروايات وقصص قديمة ينقلها الآباء عن الأجداد، ثمَّ الأبناء ثمَّ الأحفاد، حيث كان هؤلاء يروون الروايات والقصص القديمة والتي كانت في كثير مِن الأحيان ممزوجة بالأساطير والخرافات والخزعبلات والإسرائيليات القديمة، ذلك أنَّ العرب في الأصل كانوا أمَّة أميَّة لا تقرأ ولا تكتب، ومعزولة في شبه الجزيرة العربية عن الأمم الأخرى المجاورة لهم، ولقد استطاعوا الحفاظ على لغتهم السامية العربية صافية نقية، على عكس باقي اللغات السامية الأخرى والتي تعرَّضَت لكثير مِن المؤثِّرات الأجنبية عليها خاصةً في العراق وبلاد الشام مثل:

اللغة العبرية، والآرامية، والأشورية، والكنعانية، وغيرها مِن اللغات السامية القديمة الأخرى.

لقد بدأ الإخباريون والمؤرِّخون الأوائل مِن العرب والمسلمين على تأسيس مدارس تاريخية عربية كانت وبحقِّ النواة الأولى والفعلية لظهور المؤرِّخين العرب والمسلمين مِن بعدهم، حيث تُعَدُّ المدرسة التاريخية العربية اليمنية هي أقدم المدارس التاريخية العربية والأولى على الإطلاق.

ومِن أعلام هذه المدرسة: وهب بن منبه، وعبيد بن شريه الجرهمي، واللذان عاشا وتُوُفِّيَا تقريبًا في منتصف وأواخر العصر الأموي، حيث كانت بلاد اليمن هي أرض العرب البائدة والعرب العاربة الباقية، وقد تمَّ ذِكر قصصهم وحكاياتهم عن طريق الأشعار والروايات القديمة، وقد ذَكَرا قصة قبيلَتَي عاد وثمود البائدتَين في الأحقاف، ثم ذَكَرا قحطان وابنه يعرب، ثم يشجب ثم سبأ، وهم مِن العرب العاربة.

المدرسة التاريخية العربية الحجازية كانت المدرسة الثانية بعد المدرسة اليمنية، ومِن أعلام هذه المدرسة: ابن شهاب الزهري، وأبان بن عثمان بن عفان، وابن إسحاق صاحب كتاب "السيرة النبوية الشريفة".

المدرسة الثالثة التاريخية كانت المدرسة العراقية، ومِن أعلام هذه المدرسة: اليعقوبي صاحب كتاب "تاريخ اليعقوبي"، والبلاذري صاحب كتاب "فتوح البلدان"، وابن هشام صاحب كتاب السيرة النبوية الشريفة والمعروفة بـ "بسيرة ابن هشام"، وهي أكثر دقَّة ورصانة مِن كتاب ابن إسحاق، والمسعودي صاحب كتاب "مروج الذهب ومعادن الجوهر"، وهو بحقٍّ سِفر تاريخي وجغرافي جليل، وأبو جعفر الطبري صاحب مؤلَّف "تاريخ الأمم والملوك"، وغيرهم.

المدرسة التاريخية الرابعة كانت المدرسة الشامية، ومِن أعلامها: ابن عساكر صاحب كتاب "تاريخ دمشق"، والمقدسي، وابن كثير الدمشقي، وغيرهم كثر أيضًا.

المدرسة التاريخية الخامسة هي المصرية، ومِن أعلامها: ابن عبد الحكم صاحب كتاب "أخبار فتوح مصر والمغرب".

المدرسة التاريخية السادسة وهي المدرسة المغربية والأندلسية، ومِن أعلام هذه المدرسة: ابن حزم الأندلسي، وابن حَيُّون، وابن القوطية، وابن بطوطة، وابن خلدون صاحب كتاب "مقدمة ابن خلدون"، وابن سعيد المغربي، وأبو عبيد الله البكري صاحب كتاب "معجم ما استعجم"، وغيرهم.

لقد كان الإخباريُّون والمؤرِّخون العرب والمسلمون الأوائل وبحقٍّ أصحاب مؤلَّفات كثيرة وجليلة وغزيرة في مجال التاريخ

العربي والحضارة الإسلامية، وتاريخ الشعوب والحضارات القديمة، وتاريخ نشأة الخلق بشكل عام، كما أسهموا كذلك في تأليف مؤلَّفات كثيرة في علم الأنساب فيما يتعلَّق بذِكر نَسَب القبائل العربية العدنانية والقحطانية، وأيضًا مؤلَّفات أخرى في الفِرَق والمذاهب الدينية المختلفة القديمة منها والحديثة، وتاريخ الأديان وغيرها بوجه عام.

لقد كان أول كتاب في علم الأنساب هو كتاب "نَسَب معد واليمن الكبير" للمؤرّخ الكبير العلَّامة هشام بن محمد بن السائب الكلبي، والمكنَّى بابن الكلبي، وهو بحقٍّ سِفر تاريخي جليل في علم الأنساب، وكلُّ كُتُب علم الأنساب الأخرى كانت عالة عليه؛ حيث اعتَمدَ عليه كلُّ علماء الأنساب مِن بعده.

لقد أسهمَ المؤرّخون العرب والمسلمون إسهامات جليلة في مضمار علم التاريخ، ذلك أنَّ بعض علماء التاريخ والمستشرقين الغربيين في العالم الغربي قد اعترفوا بإسهاماتهم الجليلة وفَضْلهم في علم التاريخ مِن خلال الكثير مِن الكتب والمجلَّدات والمؤلَّفات التاريخية المختلفة التي استفادَت منها الأمَّة العربية والإسلامية والبشرية جمعاء؛ حيث إنَّ التاريخ هو ذاكرة العرب والمسلمين والتي مِن خلالها يتمُّ استذكار الأحداث التاريخية القديمة والحديثة التي لولاها لما نهض الإنسان بنفسه، وأخَذ على عاتقه

أخْذ العَبَر والدروس المفيدة لينطلق بها لصُنع غدٍ مشرق للعرب والمسلمين والبشرية جمعاء، حيث كان وسيظلُّ علم التاريخ هو الوعاء الذي يتمُّ فيه حفظ المنجزات العربية والإسلامية والإنسانية والذاكرة البشرية بوجه عام؛ ليستفيد منها الأجيال العربية والإسلامية والإنسانية جمعاء لصُنع غدٍ مشرق للبشرية، ذلك أنَّ الماضي المشرق هو الذي يساعد على العطاء والمثابرة والإخلاص لصُنع حاضر ومستقبل مشرق ينعم فيه الإنسان مع أخيه الإنسان بالسلام والأمن والطمأنينة.

وأيضًا مِن علماء العرب والمسلمين الذين أسهموا في علم الجغرافيا العالم الجليل أبو عبد الله الإدريسي صاحب كتاب "نزهة المشتاق في اختراق الآفاق" الذي يُعتبَر وبحقٍّ سِفرًا جغرافيًا فريدًا مِن نوعه لَم يأتِ أحد غيره بمثله في علم الجغرافيا، بالإضافة إلى علماء آخَرين برعوا أيضًا في هذا العلم مثل الإصطخري صاحب كتاب "المسالك والممالك"، وهو مِن علماء القرن الرابع الهجري، وهو أيضًا موسوعة تاريخية وجغرافية في آنٍ واحد، وأيضًا كتاب "البلدان" لمؤلِّفه اليعقوبي والمتوفَّى في عام 284 هجرية، وهو أيضًا موسوعة تاريخية وجغرافية فريدة مِن نوعها.

وبشكل عام لقد استطاع المؤرّخون والجغرافيون العرب والمسلمون الأوائل إثراء المكتبة العربية والإسلامية بكثير مِن الكتُب والمجلدات والمؤلفات التاريخية والجغرافية الغنية والتي مِن خلالها حُفِظَت فيها أعمالهم الخالدة لينهل منها كل قارئ للمعرفة وعالِم ومثقَّف وباحث، جزاهم الله عنَّا خير الجزاء.

# الفصل السادس
# العلوم الفقهية في الحضارة الإسلامية

لقد كانت العلوم الفقهية في الحضارة الإسلامية مِن أجمل وأروع وأعظم العلوم التي ارتبطَت ارتباطًا وثيقًا بالشريعة الإسلامية، ذلك أنَّ هذه العلوم الفقهية لَم تأخذ شكلها الرسمي النهائي، أو لَم تكن قد عُرِفَت بعد أصلًا في عصر الرسول – صلى الله عليه وسلَّم – أو عصر الخلفاء الراشدين أو العصر الأموي، وإنَّما ظهرَت هذه العلوم الفقهية الجليلة في العصر العباسي، حيث كان هذا العصر وبحقٍّ بداية ظهور الفقه الإسلامي وتدوين المذاهب الفقهية الإسلامية مجتمعة، حيث كان الخلفاء العباسيُّون يدعمون ويجزلون العطاء للعلم والعلماء، وعلى رأس هذه العلوم الفقهية، حيث كانت هنالك علوم كثيرة فقهية ارتبطَت بالقرآن الكريم، وهو ما يسمَّى بعلوم القرآن، ويقصد بذلك هو ذلك العلم الذي يهتم ببيان أسباب النزول،

والناسخ والمنسوخ، وأنواع القراءات، وصنوف الرسم، ودلائل الإعجاز، وغيرها.

ولقد كان الإمام أبو عبد الله الزركشي (745-794هجرية) أول مَن صنَّف كتابًا مستقلًّا في هذا الفن، وقد سمَّاه "البرهان في علوم القرآن"، وكانت هذه الكُتب التي صُنِّفَت في هذا العلم ركنًا وطيدًا في مكتبة الفكر الإسلامي.

ولقد ظهرَت أيضًا علومًا أخرى بجانب علوم القرآن، نذكر منها ما يلي:

1- علم التجويد: وهو ذلك العلم الذي يهتم بإعطاء الحروف حقوقها، وردِّ كلِّ حرف إلى مخرجه وأصله، وإلحاقه بنظيره، وتصحيح لفظه، والنطق به وفق كمال هيئته مِن غير إسراف ولا تعسُّف ولا إفراط ولا تكلُّف، وغاية ذلك التوصُّل إلى قراءة القرآن الكريم بالنصِّ الذي أوحى به إلى الرسول – صلى الله عليه وسلَّم – وعدم السماح بتغيير قراءته.

وعلم التجويد في حقيقة الأمر قائم على الأداء العملي أكثر مِن اعتماده على الدراسة النظرية؛ لذلك حرصَ علماء التجويد على ضبط مخارج الحروف، وإثبات الحركات والسَّكَنات، والإدغام، والإظهار، والإقلاب... إلى آخِره مِن مصطلحات التجويد.

2- علم القراءات: وهو ذلك العلم الذي يُعنَى بأداء القرآن الكريم بطريقة خاصة تعتمِد على السَّماع مِن الرسول – صلى الله عليه وسلَّم – وهو علم يبحث في وجوه الاختلاف في القراءات المتواترة – وربَّما غير المتواترة – لألفاظ القرآن الكريم وحروفه، أو هو علم ينقل لغة القرآن الكريم وإعرابه الثابت بالسماع المتَّصل، والفائدة المرجوَّة مِن ذلك هو صون كلام الله – سبحانه وتعالى – مِن التحريف والتبديل والتغيير.

3- علم التفسير: هو ذلك العلم الذي يشتمل على معرفة فَهم كتاب الله – سبحانه وتعالى – المنزَّل على نبيِّه المرسَل محمد – صلى الله عليه وسلَّم – وبيان معانيه، واستخراج أحكامه وحكمه.

ولقد وُجِدَ هذا العلم الجليل مع بداية نزول القرآن الكريم، حيث كان الرسول حريصًا كلَّ الحرص على أن يفسِّر ما يبدو غامضًا، ويُوَضِّح ما جاء مُبهَمًا.

ومِن أشهر كتُب التفسير نذكر منها ما يلي:

1- كتاب "زاد المسير" لابن الجوزي.

2- كتاب "الوجيز" للواحدي النيسابوري.

وهناك الكتب المتوسطة مثل:

1- كتاب "تفسير الماتريدي" لأبي منصور الماتريدي.

2- "تفسير الكشَّاف" للزمخشري.

3- تفسير "معالم التنزيل" للبغوي.

وأيضًا هناك كتاب آخَر في التفسير، وهو "جامع البيان في تفسير القرآن" للقرطبي (رحمه الله) المتوفَّى عام 310 هجرية.

ولقد ظهرَ أيضًا علمٌ آخَر جليل في العلوم الفقهية أيضًا اسمه علم الفقه الإسلامي، وهو ذلك العلم الذي يختصُّ بمعرفة أحكام الله تعالى في أفعال المكلَّفين بالوجوب والحظر والندب والكراهية والإباحة، وهي مستمَدَّة مِن الكتاب والسُّنة، وما نصبه الشارع لمعرفتها مِن الأدلَّة، فإذا استُخرِجَتِ الأحكام مِن تلك الأدلَّة قيل لذلك فقه.

لقد كانت الحضارة الإسلامية متميِّزة وفريدة مِن نوعها في مجال الحديث النبوي الشريف، حيث تمَّ التأليفُ في العديد مِن الكُتُب المشهورة في ذلك مِن مثل كتاب "صحيح البخاري" للإمام البخاري (رحمه الله)، و"صحيح مسلم" للإمام مسلم (رحمه الله)، و"سُنَن أبي داود السجستاني"، و"سُنَن الترمذي"، و"سُنَن النسائي"، و"سُنَن ابن ماجة"، بالإضافة إلى "الموطَّأ" للإمام مالك بن أنس، و"مسند الإمام أحمد بن حنبل" رحمهما الله، بالإضافة إلى مسند الإمام زيد بن علي رضي الله عنه للزيدية، ومسند الإمام الربيع بن حبيب الأزدي للإباضية.

# الفصل السابع
# العمائر الدينية في الحضارة الإسلامية

لقد كانت العمائر الدينية في الحضارة الإسلامية عمارة إسلامية حضارية عريقة تعدُّ مِن روائع الفنون المعمارية على مرِّ الحقب الإسلامية المتعاقبة، حيث كانت البداية الأولى في الحقيقة لنشأة العمارة الإسلامية المتواضعة والبسيطة مِن خلال بناء أول مسجد في الإسلام، وهو مسجد قباء في عصر الرسول – صلى الله عليه وسلَّم – في المدينة المنورة، حيث كانت هذه البداية المتواضعة لبناء العمارة الإسلامية، ولكن فيما بعد يُعَدُّ جامع عقبة بن نافع أو جامع القيروان في تونس أقدم جامع في عصر الدولة الأموية، حيث كان هذا الجامع في ذلك الوقت يُعَدُّ تحفة معمارية، وفنًّا معماريًّا إسلاميًّا راقيًا مِن فنون العمارة في الحضارة الإسلامية، وأكبرها مساحة في بلاد المغرب الأوسط الإسلامي.

وتطوَّر الأمر بعد ذلك مِن خلال وجود عمائر دينية أخرى في العصر الأموي، وهو الجامع الأموي في دمشق، حيث يعدُّ هذا الجامع تحفة معمارية خالدة في العصر الأموي اهتمَّ بها الأمراء الأمويُّون المتعاقبون، وأيضًا قيامهم ببناء مسجد قبة الصخرة في القدس الشريف على يد الأمير الأموي (عبد الملك ابن مروان)، وهو مسجد ورمز إسلامي خالد، وأيضًا بناء جامع الرملة في فلسطين.

وأيضًا لقد تطوَّر الأمر بعد ذلك في العصر العباسي مِن خلال اهتمام الأمراء العباسيِّين ببناء الكثير مِن العمائر الدينية الإسلامية، مثل مئذنة مسجد المتوكِّل على الله في عاصمته سامراء، وبناء مسجد أحمد بن طولون في العصر العباسي، والجامع الأزهر في القاهرة والذي بُنِيَ في عصر الخلفاء الفاطميين في مصر.

وأيضًا بنَى الإمبراطور المغولي شاه جهان المسجد الجامع في دلهي، والذي يُعَدُّ تحفة معمارية إسلامية في العصر المغولي الإسلامي في الهند.

وفي نفس الوقت ازدهرَتِ العمارة الإسلامية في العصر الأيوبي مثل بناء قبَّة الإمام الشافعي (رحمه الله)، وأيضًا بناء المدرسة الصالحية على يد الملك الصالح نجم الدين أيوب، وتُعَدُّ

هاتان العمارتان مِن أهمّ وأجمل وأروع العمائر الدينية الإسلامية في العصر الأيوبي على الإطلاق.

واستمرَّ بناء العمائر الدينية الإسلامية في العصر المملوكي، وكان هناك العديد منها، نذكر منها التالي:

1- مسجد بيبرس الأول: ويُعَدُّ مِن أقدم المساجد المملوكية.

2- مسجد السلطان مؤيّد.

3- مسجد السلطان قلاوون: ويُعَدُّ هذا المسجد مِن أجمل المساجد الإسلامية المملوكية، وهو يضمُّ بيمارستان.

وقد تمَّ بناء قلعة قايتباي وهو مِن أهمِّ القلاع المملوكية وأروعها، وبناء أيضًا الجامع العمري في غزة في فلسطين.

ولقد ازدهرَتِ العمارة الدينية في الأندلس وعلى رأسها جامع قرطبة الذي بناه الأمير الأموي عبد الرحمن الداخل الملقَّب بـ (صقر قريش) والذي يُعَدُّ وبحقٍّ مِن روائع العمارة الدينية الإسلامية أثناء الحكم العربي والإسلامي في الأندلس ابتداءً بعصر الإمارة الأموية، ثم عصر المرابطين والموحِّدين، وغيرهم مِن السلالات الإسلامية الأخرى.

وقد اهتمَّ جميع الأمراء العرب والمسلمين في الأندلس على حدٍّ سواء ببناء ورعاية ودَعم هذه العمائر الإسلامية والتي بقيَت تؤكِّد على سماحة وعدالة الإسلام وسموِّ الحضارة الإسلامية

بوجه عام، وهذا يؤكِّد أيضًا على أنَّ جميع المسلمين في الأندلس سواء مِن العرب أم مِن غير العرب أو حتَّى مِن غير المسلمين أيضًا قد تعايشوا وتآلفوا وتوحَّدوا وقدَّموا الكثير مِن المنجزات الحضارية تحت ظلال الحضارة الإسلامية في الأندلس لمدَّة تصل إلى سبعة قرون مِن الزمان، وبقيَت شاهدة أيضًا على عدالة وأصالة وعراقة وعظمة الدين الإسلامي الحنيف.

# الفصل الثامن
# القضاء في الحضارة الإسلامية


لقد كان القضاء في الحضارة الإسلامية رائعة مِن روائعها، ودلالة على تقدُّم الحضارة الإسلامية في عصرها الذهبي المُشرق.

ويُقصَد بالقضاء اصطلاحًا: هو الفصل بين الناس في الخصومات بموجب الأحكام الشرعية المستندة على الكتاب والسنة النبوية الشريفة.

ولقد كان النبي – صلى الله عليه وسلم – هو القاضي الذي يفصل في الخصومات والنزاعات التي تقع بين أهل المدينة المسلمين منهم واليهود لما كان قد ظهر بينهم مِن خصومة أو شجار أو نزاع، وذلك لمَّا استقرَّ به المقام في المدينة المنورة.

وقد كان القضاء في عهد الخلفاء الراشدين لما تولَّى أبو بكر – رضي الله عنه – الخلافة عند عمر بن الخطاب، فلبثَ بها

سنة، وقيل إنَّها سنَتان لا يختلف إليه أحد، ولَم يلقَّب بلقب قاضٍ قط مدة خلافة أبي بكر (رضي الله عنه).

وفي عهد عمر بن الخطاب – رضي الله عنه – انتشر الإسلام، واتَّسعَت رقعة الدولة الإسلامية، واختلط المسلمون بغيرهم مِن الشعوب والأجناس والأعراق الأخرى، وكثرَت مهام الخليفة، فقد تمَّ تولية أبي الدرداء قضاء المدينة، ووُلِّيَ شريح قضاء الكوفة، ووُلِّيَ أبو موسى الأشعري قضاء البصرة، وغيرهم.

فكان عمر – رضي الله عنه – أوَّل مَن ولَّى قضاة مستقلِّين في الولايات الإسلامية، وفوَّضهم فيه.

أمَّا في العصر الأموي فقد تميَّز القضاء بميزتَين رئيستَين هما:

1- أنَّ القاضي كان يحكم باجتهاده فيما ليس فيه نصٌّ مِن كتاب ولا سُنَّة؛ إذ لَم تكن المذاهب الأربعة قد عُرِفَت بعد والتي تقَيَّد بها القضاة فيما بعد في العصر العباسي.

2- إنَّ القضاء لَم يكن متأثِّرًا في جميع الأحوال بالسياسة التي كانت عليها في ذلك العصر، فقد كان القضاة مستقلِّين في أحكامهم، لا تأخذهم في الحق لومة لائم، ولا يتأثَّرون بميول الحاكمين.

أمَّا في العصر العباسي فقد تطوَّر نظام القضاء تطوُّرًا كبيرًا جدًّا، ومِن أهمِّ مظاهر هذا التطوُّر نذكر ما يلي:

1- ضعف روح الاجتهاد الفقهي في الأحكام القضائية، وذلك لظهور المذاهب الأربعة (الأحناف، والمالكية، والشافعية، والحنابلة)، وأصبح على القاضي لزامًا أن يحكم وفق مذهب مِن هذه المذاهب السائدة.

2- تأثُّر القضاء بالسياسة التي كانت في ذلك العصر؛ لأنَّ الخلفاء العباسيين كانوا يريدون أن يُكسِبوا أعمالهم صبغة شرعية دينية بحتة.

3- استحداث نظام قاضي القضاة، وهو يشبه وزير العدل اليوم، وكان يقيم في حاضرة الدولة، وأوَّل مَن لُقِّبَ بهذا اللقب القاضي أبو يوسف، وهو صاحب الإمام أبي حنيفة النعمان.

4- اتِّساع سُلطة القاضي، فأضيف إليه أيضًا استيفاء بعض الحقوق العامة للمسلمين، كالنَّظر في أموال اليتامى، والمحجور عليهم، وغيرهم.

# الخاتمة

ممَّا لا شكَّ فيه أنَّ الحضارة العربية الإسلامية كانت وستظلُّ شُعلة فكرية وأدبية وعلمية وإنسانية خالدة على مرِّ العصور والأجيال المختلفة، ولقد استطاع العلماء العرب والمسلمون جميعًا كلٌّ بحسب اختصاصاتهم بطبيعة الحال أن يتركوا بصمات ظاهرة وواضحة المعالم في مختلف المجالات العلمية، والأدبية، والفكرية، والعسكرية، والسياسية، والاجتماعية، والثقافية، والفنية، والدينية، مِن خلال تأليف العديد مِن الكُتُب والمؤلَّفات والمجلَّدَات في جميع المجالات والميادين، وذلك فيما يتعلَّق بالنهضة والحضارة الإسلامية في عصرها الذهبي والمزدهِر، ولا يستطيع أحد أن يبخس أو أن يقلِّل مِن شأن هذه الحضارة العريقة الإسلامية الخالدة إلا جاحد أو ناكر.

ويجب أن نشير للحقيقة والإنصاف بأنَّ بعضًا مِن العلماء والمستشرقين في الغرب كانوا قد اعترفوا بإنجازات واختراعات

وابتكارات العلماء العرب والمسلمين في الحضارة الإسلامية، وبأنَّه لولا هذه الحضارة الرائعة لما استطاع العلماء في الغرب بأن ينهضوا مِن جديد، ويؤسِّسوا عصر النهضة في الحضارة الأوربية والغربية بوجه عام في العصر الحديث؛ لأنَّ الحضارة الإسلامية في الحقيقة هي التي انتشلَتهم مِن الجهل والضياع والتشتُّت والتخلُّف والرجعية والترِدّي الذي كانوا عليه في عصور ضعفهم وانحطاطهم وهوانهم، وبالتحديد في فترة العصور الوسطى، ونسأل الله – سبحانه وتعالى – أن يرفع مِن شأن الأُمَّة العربية والإسلامية دائمًا، وأن يستعيد أبناء العروبة والإسلام قصب السبق مرة أخرى في النهضة الحضارية العربية الإسلامية الخالدة بالتمسُّك بناصية العلم دائمًا وأبدًا مِن أجل صُنع غدٍ مُشرق للأجيال العربية والإسلامية وللبشرية جمعاء، إنَّه نِعمَ المولى ونِعم النَّصير، اللهم آمين.

# المصادر والمراجع


- تأمُّلات في روائع الحضارة العربية الإسلامية في العلوم والفنون، ودورها في الترقي العلمي للأستاذ الدكتور حمدي عبد الله نافع - جامعة الأزهر - الطبعة الأولى لعام 2011 م.

- تاريخ الحضارة الإسلامية والفكر الإسلامي للدكتور أبو زيد شلبي أستاذ الحضارة الإسلامية - كلية اللغة العربية - جامعة الأزهر - مكتبة وهبة - القاهرة عام 2013 م.

- شمس العرب تسطع على الغرب للمستشرقة الألمانية زيغريد هونكة - الطبعة الثامنة - نقلَه عن الألمانية فاروق بيضون، وكمال دسوقي لعام 1964.

- موسوعة علماء العرب - عبد السلام السيد - دار الأهلية للنشر والتوزيع - الطبعة الرابعة لعام 2015.

- الحياة العلمية زمن السامانيين - التاريخ الثقافي لخراسان وبلاد ما وراء النهر في القرنين الثالث والرابع للهجرة للدكتور

إحسان ذنون الثامري - دار الطليعة - بيروت - الطبعة الأولى سبتمبر لعام 2001 م.

- الفهرست لأبي الفرج محمد بن أبي يعقوب إسحاق المعروف بابن النديم المتوفَّى سنة 380 هجرية - دار الكتب العلمية بيروت – لبنان - الطبعة الثالثة لعام 2010 م.

- الدولة الفاطمية في مصر تفسير جديد لأيمن فؤاد سيد - الدار المصرية اللبنانية لعام 2000 م.

- تاريخ المذاهب الإسلامية للإمام محمد أبو زهرة - دار الفكر العربي - القاهرة لعام 2009 م.

- تاريخ الحضارة الإسلامية في الشرق مِن عهد نفوذ الأتراك إلى منتصف القرن الخامس الهجري للدكتور محمد جمال الدين سرور أستاذ التاريخ الإسلامي - كلية الآداب - جامعة القاهرة - دار الفكر العربي لعام 1965 م.